AF499114

LA REVUE

N'EST PAS AU COIN DU QUAI

REVUE DE L'ANNÉE 1872

Représentée pour la première fois, à Paris, sur le théâtre des VARIÉTÉS, le 23 novembre 1872.

Poissy. — Typ. S. Lejay et Cie.

LA REVUE

N'EST PAS AU COIN DU QUAI

REVUE DE L'ANNÉE 1872, EN QUATRE TABLEAUX

MÊLÉE DE CHANT

PAR

CLAIRVILLE, SIRAUDIN ET V. KONING

MUSIQUE NOUVELLE

DE

MARIUS BOULLARD, CŒDÈS ET VILLEBICHOT

PARIS

MICHEL LÉVY FRÈRES, ÉDITEURS

RUE AUBER, 3, PLACE DE L'OPÉRA

LIBRAIRIE NOUVELLE

BOULEVARD DES ITALIENS, 15, AU COIN DE LA RUE DE GRAMMONT

1873

PERSONNAGES

MONSIEUR X	MM. GRENIER.
LE RECENSEUR POLYCARPE EGINHARD	BERTHELIER.
LE BOHEMIEN DON CESAR	CHRISTIAN.
LARDILLON	LÉONCE.
BEAURICHARD	HITTEMANS.
FAUVEL	ALEX. MICHEL.
BEAUMINOIS JACK SHEPPARD	BLONDELET.
LE GRAND MONSIEUR	BARON.
CAPOULONI	COOPER.
PAUL	BOISSELOT.
DANIEL	D. BAC.
UN MUSICIEN	MUSSAY.
UN MONSIEUR	COSTE.
UN DOMESTIQUE	MILLAUX.
CYPRIEN MOLDA FORTUNIO	Mlles BERTHE LEGRAND.
DENISE MISTRISS SHEPPARD	GABRIELLE GAUTHIER.
LE PEUPLE SOUVERAIN	BERTHAL.
CASCARINE	DÉSIRÉE.
LA CATARACTE	JEANNE GRANDVILLE.
NOEMIE	LÉONIE BARON.
LA VIE ELEGANTE CAMILLE	ALICE REGNAULT.
LA REPUBLIQUE FRANÇAISE LA FEMME DE FEU	BRÉMONT.
CLAUDINE	A. SCHNEIDER.
L'EVENEMENT	DEPRETZ.
LE DIX-NEUVIEME SIECLE	SCHEWSKA.
LA GUEPE BERTHE	PELLETIER.
LE SIFFLET MARTHE	E. LAVIGNE.
LA SCIE	G. ROUX.
SERAPHINE	CAROLINE.
ANNA	LOUISA.
MARIA	P. KLEIN.
LISE	JEANNE.
CATHERINE	MARRY.
ALPHONSINE	MAGNE.

DOMESTIQUES, SOURCES DU NIL, POMPIERS, FOULE, ROSIERES, ETC.

LA REVUE

N'EST PAS AU COIN DU QUAI

PREMIER TABLEAU

Le théâtre représente une salle à manger, mais très-riche et tournant au boudoir. — Au milieu une grande table ovale somptueusement servie et autour de laquelle sont tous les personnages.

SCÈNE PREMIÈRE

Mlle GABRIELLE GAUTHIER, ALEXANDRE MICHEL, LÉONCE, BARON, BOISSELOT, DANIEL BAC, Mlle ALICE REGNAULT, Mlles CHEWSKA, DRÉMOND et SCHNEIDER.

ALEXANDRE MICHEL.

Je bois au théâtre des Variétés!

DANIEL BAC.

A ses auteurs!

BARON.

A ses acteurs!

LÉONCE.

A Léonce!

TOUS.

Oh!...

MADEMOISELLE ALICE REGNAULT.

Il me semble qu'il serait plus galant de boire aux dames.

BOISSELOT.

Oui, certes, et je porte le dernier toast à notre amphitryon.

MADEMOISELLE GABRIELLE GAUTHIER.

Et moi, messieurs, je bois à vous et à ces dames, qui m'avez fait l'amitié d'accepter mon invitation... et, comme je suis bonne fille, je bois même à ceux qui m'ont manqué de parole : Aux absents et aux absentes !

LÉONCE.

Les absents, c'est des pignoufs !

TOUS, se levant de table.

Oh !...

CHŒUR.

AIR : *de M. Marius Boullard.*

Il faut quitter la table !
Léonce, c'est prouvé,
Est très-insupportable
Et très-mal élevé.

Pendant ce chœur, deux domestiques emportent la table et un troisième apporte un guéridon sur lequel est servi le café.

DANIEL BAC.

Ah ! voilà le café.

MADEMOISELLE GABRIELLE GAUTHIER.

Je l'ai fait servir ici... je tiens à rester dans cette pièce.

BARON.

Certainement, je blâme la forme employée par Léonce. Pignouf n'est pas parlementaire ; mais, au fond, il a raison... quand on a promis, il faut tenir.

MADEMOISELLE BRÉMOND.

Oh ! bien, merci !... s'il fallait tenir toutes les promesses que l'on fait !

MADEMOISELLE ALICE REGNAULT.

Parle pour toi.

MADEMOISELLE SCHEWSKA.

Ah ! Regnault qui se défend !

MADEMOISELLE BRÉMOND.

Ah çà ! maintenant que le dîner est terminé, je demande à connaître la raison de ce festin ?

MADEMOISELLE ALICE REGNAULT.

Oui, au fait, pourquoi Gabrielle nous a-t-elle invités ?

MADEMOISELLE SCHNEIDER.

Pour nous montrer son argenterie.

MADEMOISELLE SCHEWSKA.

Et ses tasses japonaises.

MADEMOISELLE GABRIELLE GAUTHIER.

Non, mesdames ; c'est pour vous apprendre que les auteurs de la Revue que nous jouons demain...

LÉONCE.

La Revue, elle est mouche !

TOUS.

Oh !...

LÉONCE.

Il n'y a pas de oh !... C'est mon opinion, et comme je n'ai que des opinions avancées, je les avance.

MADEMOISELLE GABRIELLE GAUTHIER.

Mouche ou non, cette Revue, nous la jouons demain... et vous savez qu'elle n'a pas encore de titre... Or les auteurs, qui viennent de partir pour la Belgique, m'ont chargée de lui en trouver un... et comme je n'en ai pas trouvé, c'est à vos imaginations que j'ai recours.

BOISSELOT.

D'abord, je trouve scandaleux que des auteurs français donnent la primeur de leurs pièces à l'étranger.

ALEXANDRE MICHEL.

Les auteurs ne sont pas si bêtes aujourd'hui, les pièces ne sont bonnes à Paris que lorsqu'elles plaisent à Vienne et à Bruxelles.

BARON.

Témoin *le Corsaire noir*.

MADEMOISELLE BRÉMOND.

Et *les Cent Vierges*.

MADEMOISELLE ALICE REGNAULT.

Dont je faisais partie.

MADEMOISELLE SCHNEIDER.

Et moi aussi !

LÉONCE.

Et moi aussi !

MADEMOISELLE SCHÉWSKA.

Et nous toutes !

ALEXANDRE MICHEL.

Encore une pièce qu'on ne pourra bientôt plus jouer !

TOUS.

Pourquoi ?

ALEXANDRE MICHEL.

AIR : *Adieu, je vous fais bois charmants.*

Même au Palais-Royal, dit-on,
A de vrais repas on assiste ;
Les mets ne sont plus en carton,
Le public devient réaliste.

Or, de charmer par leur vertus
Les Cent Vierges ont peu de chance,
Puisque le public ne veut plus
Se contenter de l'apparence.

MADEMOISELLE BRÉMOND.

Ah ! comme c'est malin !

MADEMOISELLE GABRIELLE GAUTHIER.

Nous nous éloignons de la question. Un titre, un titre pour notre Revue, s'il vous plait ?

MADEMOISELLE ALICE REGNAULT.

Ah bien ! si tu crois que je vais me creuser la tête pour t'en chercher un !

MADEMOISELLE BRÉMOND.

Et moi donc!... une Revue où je n'ai que des pannes.

MADEMOISELLE ALICE REGNAULT.

D'ailleurs, j'ai une visite à faire à mon tuteur.

MADEMOISELLE SCHEWSKA.

Et moi, à ma maîtresse de pension.

BARON.

De pension bourgeoise.

MADEMOISELLE SCHNEIDER.

Moi, il faut que j'aille essayer mon maillot pour demain.

LÉONCE.

Oh ! les femmes!... toutes des lâcheuses!

CHŒUR.

AIR : *Du Moulin des Tilleuls.*

LES QUATRE DAMES.

Vous amusez-vous
A chercher sans nous
Un titre à votre Revue...
A première vue,
Nous l'approuverons
Et même l'applaudirons.

ENSEMBLE.

REPRISE.

LES AUTRES.

C'est bien mal à vous!
Cherchez avec nous

Un titre à notre Revue ;
A première vue,
Nous le trouverons.
Restez avec nous, cherchons.

LES QUATRE DAMES.

Tous amusez-vous, etc.

Les Dames sortent.

DANIEL BAC.

Les voilà parties!

MADEMOISELLE GABRIELLE GAUTHIER.

Oh! j'en étais bien sûre; mais que cela ne nous arrête pas... (Allant s'asseoir.) Voyons, messieurs, je prends mon calepin, et j'attends vos inspirations.

BOISSELOT.

D'abord, il est bien entendu que le titre peut n'avoir aucun rapport avec la pièce.

ALEXANDRE MICHEL.

Cela va sans dire.

DANIEL BAC.

Il ne s'agit que de trouver quelque chose d'original.

BARON.

De comique.

BOISSELOT.

De très-gai.

LÉONCE.

J'ai votre affaire!

TOUS.

Ah! voyons!

LÉONCE.

L'*Année terrible!!*

TOUS.

Oh!...

ALEXANDRE MICHEL.

C'est trop sérieux.

BOISSELOT.

Et puis 1872 n'a pas été terrible.

LÉONCE.

Tu trouves?... Ça dépend de la manière de voir.

MADEMOISELLE GABRIELLE GAUTHIER.

J'inscris toujours : *l'Année terrible.* A un autre.

BOISSELOT.

Moi, je propose : *la Fin du monde!*

BARON.

Pourquoi ça?

BOISSELOT.

Parce que le monde a dû finir en 1872.

DANIEL BAC.

Puisqu'il n'a pas fini.

BOISSELOT.

Diable! s'il avait fini, nous ne serions pas obligés de chercher un titre à la Revue.

BARON.

Il y a un titre bien joli, que j'ai toujours rêvé pour une revue.

MADEMOISELLE GABRIELLE GAUTHIER.

Voyons le titre bien joli?

BARON.

L'Art d'accommoder les restes.

DANIEL BAC.

Eh! mais... les restes de l'année...

LÉONCE.

Oh! non, ça ferait de la Revue un arlequin.

MADEMOISELLE GABRIELLE GAUTHIER.

Alors, cherche autre chose; j'inscris toujours ça.

SCÈNE II

LES MÊMES, UN DOMESTIQUE.

LE DOMESTIQUE, entrant.

Madame, un monsieur est là qui se dit recenseur, et qui vient, dit-il, pour vous recenser.

TOUS.

Un recenseur!

ALEXANDRE MICHEL.

Bravo!... Nous allons savoir l'âge de Gabrielle.

MADEMOISELLE GABRIELLE GAUTHIER.

Mais il me semble que je n'ai aucun intérêt à le cacher. — Faites entrer.

LE DOMESTIQUE, au fond.

Entrez monsieur.

SCÈNE III

LES MÊMES, UN RECENSEUR.

LE RECENSEUR.

Ah! tant mieux!... Vous me laissez là sur mes vieilles jambes... (S'adressant à Alexandre Michel.) C'est à mademoiselle Gabrielle que j'ai l'honneur...

ALEXANDRE MICHEL.

Non, monsieur ; je suis son père.

LE RECENSEUR.

Ah ! pardon... C'est à mademoiselle votre fille.. Où est-elle ?

BOISSELOT.

Il est donc aveugle ?

MADEMOISELLE GABRIELLE GAUTHIER.

Me voici, monsieur.

LE RECENSEUR.

Ah ! très-bien. — Je vous prierai de me faire asseoir,.. votre entre-sol est le trois cent soixante-quinzième que je grimpe aujourd'hui.

MADEMOISELLE GABRIELLE GAUTHIER, lui montrant une chaise qu'on approche.

Asseyez-vous là, monsieur.

LE RECENSEUR, s'asseyant.

Ah! parfait !... merci !... Mais on m'avait dit que vous demeuriez seule ?

BOISSELOT.

Non, monsieur ; nous vivons en famille.

LE RECENSEUR.

Ah ! très-bien !... Alors, ça sera plus long...

MADEMOISELLE GABRIELLE GAUTHIER,

Mais, monsieur, est-ce que vraiment nous sommes obligés de répondre à vos questions ?

LE RECENSEUR.

Oui, madame, c'est obligatoire.

MADEMOISELLE GABRIELLE GAUTHIER.

Comment, ça aussi!

LE RECENSEUR.

Ça comme tout, aujourd'hui.

AIR : *Du Fleuve de la vie.*

Obligatoire est l'exercice
Au collége, à la pension ;
Obligatoire est le service,
Obligatoire est l'éducation ;
Oligatoire est, c'est notoire,
Jusques à la sobriété!
Bref, en ce temps de liberté,...
Tout est obligatoire!

MADEMOISELLE GABRIELLE GAUTHIER.

C'est différent. Interrogez.

LE RECENSEUR.

Madame est demoiselle ?

LÉONCE.

Non, mademoiselle est mariée.

LE RECENSEUR.

Très-bien, très-bien! Et qui êtes-vous, monsieur?

LÉONCE.

Je suis son frère.

MADEMOISELLE GABRIELLE GAUTHIER, bas.

Es-tu fou?

LE RECENSEUR.

Très-bien, très-bien! (Cherchant ses lunettes qui sont descendues sur sa bouche.) Où diable sont donc mes lunettes?

LÉONCE.

Monsieur, vous les mangez.

LE RECENSEUR, les remettant en place.

Ah! bien... merci. — Vos nom et prénoms?

LÉONCE.

Édouard-Théodore Nicole, dit Léonce.

LE RECENSEUR.

Votre âge?

LÉONCE.

Rue Lamartine, 40.

LE RECENSEUR.

Votre âge?

LÉONCE.

Neuf cents francs de loyer.

LE RECENSEUR, criant.

Je vous demande votre âge?

LÉONCE.

Ah!... vingt-cinq ans.

LE RECENSEUR.

Votre pays?

LÉONCE.

Pont-de-Vaux.

LE RECENSEUR.

Parfait! Maintenant, les nom et prénoms de madame?

LÉONCE.

Dorothée-Cunégonde-Gabrielle Gauthier.

LE RECENSEUR.

Dorlotée...

LÉONCE, criant.

Dorothée.

LE RECENSEUR, écrivant.

Son âge?

LÉONCE.

Je ne l'ai jamais su. A elle de répondre.

MADEMOISELLE GABRIELLE GAUTHIER.

Quinze ans et demi.

LE RECENSEUR.

Il est inutile de mettre la demie... Quinze ans. — Son pays?

LÉONCE.

Fontenay-aux-Roses.

LE RECENSEUR.

Parfait ! Et vous vivez ici ?

BOISSELOT.

Avec moi, son oncle.

DANIEL BAC.

Et moi, son neveu.

ALEXANDRE MICHEL.

Et moi, son cousin.

BARON.

Et moi, son fils.

LE RECENSEUR, ôtant sa perruque et ses lunettes, et criant.

Ah çà ! mes chers amis, est-ce que vous espérez me la faire à la blague ?

TOUS.

Berthelier !

MADEMOISELLE GABRIELLE GAUTHIER.

Comment, c'est toi !

BERTHELIER.

Parole d'honneur, vous ne m'aviez pas reconnu ?

BOISSELOT.

Mais non.

BERTHELIER.

Je vais vous dire, j'avais trouvé un titre à la Revue et ce titre m'avait donné l'idée d'un rôle.

DANIEL BAC.

Le rôle est bon, voyons le titre.

BERTHELIER.

Les Recensements de l'année.

TOUS.

Ah !

ALEXANDRE MICHEL.

Oui, ce titre est encore le meilleur.

SCÈNE IV

LES MÊMES, HITTEMANS.

HITTEMANS, en costume de pacotille.

Pardon, mes petits pères.

TOUS.

Tiens ! Hittemans !

HITTEMANS, à Gabrielle Gauthier.

Pardon, chère belle... Je suis peut-être un peu en retard...

ALEXANDRE MICHEL.

Un peu.

DANIEL BAC.

Le dîner était pour six heures et il en est neuf.

HITTEMANS.

Vous avez dîné sans moi!

BARON.

Il aurait fallu t'attendre, peut-être?

HITTEMANS.

Non, vous avez bien fait. Je suis trop agité pour avoir faim.

BERTHELIER.

Ah ça! mais quel est donc ce costume?

HITTEMANS.

C'est lui qui m'ôte l'appétit.

MADEMOISELLE GABRIELLE GAUTHIER.

Comment cela?

HITTEMANS.

Figurez-vous que, depuis cinq ou six ans, je suis asticoté par la vue d'un beau jeune homme peinturluré sur tous les murs de Paris au milieu d'un ruban bleu et tenant à la main un ruban rouge sur lequel est écrit : « On rend l'argent quand les objets « ont cessé de plaire. »

BERTHELIER.

Oui, oui, nous savons.

TOUS.

Nous savons.

HITTEMANS.

A force d'être asticoté par ce monsieur et pour faire honneur à Gabrielle qui m'avait invité à dîner, je me dis hier au soir : je vais acheter un habillement complet à ce beau jeune homme; je ne risque rien, puisque si ces vêtements cessent de me plaire, on me rendra l'argent. J'y vais donc et j'achète ce que vous voyez.

LÉONCE.

C'est laid.

TOUS.

C'est affreux!

HITTEMANS.

Précisément. Je n'étais pas rentré chez moi, que ce costume avait cessé de me plaire. Donc, ce matin, je vais trouver ce monsieur et je lui dis bien poliment : ces objets ont cessé de me plaire, rendez-moi mon argent.

TOUS.

Très bien!

HITTEMANS.

Le monsieur me regarde, puis il regarde le costume, que j'avais enveloppé dans l'*Indépendance belge*, et quand il nous a bien examinés moi et le costume, il me dit : « — Pardon, monsieur, ce costume a cessé de vous plaire à vous... mais il n'a « pas cessé de me plaire à moi. » Je le regarde à mon tour et timidement je lui réponds : — Que ce n'est peut-être pas précisément à lui que doit plaire mon costume. — « C'est à tout le monde, s'écrie-t-il en me foudroyant d'un regard terrible, et tout le monde sera consulté. » Puis, se tournant vers les commis de son magasin, il ajoute : — « Ces objets vous plaisent-« ils? — Ils nous plaisent! » répondent les commis en chœur et avec un ensemble digne de l'Opéra. J'étais condamné.

BERTHELIER.

Comment imbécile, tu avais cru cela!

AIR : *De Marianne.*

Si, quand il cesse de vous plaire,
Nous pouvions rendre chaque objet,
De bien des pièces qu'il fait faire,
Un directeur se priverait;
Et que de rôles,
Tristes ou drôles,
A nos auteurs chaque artiste rendrait!
Démocratique,
Ou monarchique,
Pas un parti huit jours ne règnerait!
Nous voudrions tous nous défaire
Des choses qui nous déplairaient,
Et beaucoup de maris rendraient
Leur femme à monsieur l'maire.

ALEXANDRE MICHEL.

Messieurs, je tiens le titre!

TOUS.

Ah!

ALEXANDRE MICHEL.

Un titre épatant!

BERTHELIER.

Voyons, voyons, pas tant d'assurance, le titre.

ALEXANDRE MICHEL.

Le voici : « *On rend l'argent, quand la Revue cesse de plaire.* »

TOUS.

Oh!

DANIEL BAC.

En voilà un titre!

LÉONCE.

On rendrait l'argent tous les soirs.

BOISSELOT.

Et puis, voyez-vous ça sur l'affiche !

HITTEMANS.

Il n'y aurait plus de place pour les noms d'acteurs!... et les vedettes?

MADEMOISELLE GABRIELLE GAUTHIER.

Eh bien! messieurs, je vais vous en proposer un, moi, qui n'est guère plus court, qui n'est pas meilleur, mais que je trouve bien parisien.

TOUS.

Ah! voyons! voyons!

GABRIELLE.

La Revue n'est pas au coin du quai.

TOUS.

Eh! mais...

BERTHELIER.

Ça y est!

AIR : *De M. Villebichot.*

La R'vu' n'est pas au coin du quai!

LÉONCE.

Quelle nouvelle!

ALEXANDRE MICHEL.

Où donc est-elle?

BOISSELOT.

La R'vu' n'est pas au coin du quai!

BERTHELIER.

Ce titre sera remarqué.

MADEMOISELLE GABRIELLE GAUTHIER.

A ceux qui demand'ront peut-être :
La R'vue est-elle aux Variétés?
On répondra de tous côtés,
Sans savoir où même ell' peut être.

TOUS.

La R'vu' n'est pas au coin du quai!
Quelle nouvelle!
Où donc elle!
La R'vu' n'est pas au coin du quai!
Ce titre sera remarqué.

ALEXANDRE MICHEL.

A ce titre je m'intéresse,
Et je le trouve bon surtout
Parce qu'il ne dit rien du tout.

LÉONCE.

C'est à peu près comme la pièce.

TOUS.

La R'vu' n'est pas au coin du quai!
Quelle nouvelle! etc.

HITTEMANS, montrant au public son habit qui vient de craquer complètement.

C'est maintenant qu'il a cessé de me plaire!

Tous les artistes se groupent autour du guéridon, sur lequel il y a des liqueurs, trinquent et boivent en riant. — Le rideau baisse.

DEUXIÈME TABLEAU

MONSIEUR X, L'OUVREUSE, BEAUMINOIS, CASCARINE, LE MONSIEUR, PREMIER MONSIEUR, TROISIÈME MONSIEUR.

A peine le rideau de manœuvre est-il baissé qu'une voix se fait entendre au fauteuils de première galerie, côté droit.

MONSIEUR X, *arrivant à la galerie.*

Mais non, que je vous dis.

L'OUVREUSE, *courant après lui.*

Monsieur, monsieur...

MONSIEUR X.

Voulez-vous me laisser tranquille!

L'OUVREUSE.

Mais votre billet?... donnez-moi votre billet.

MONSIEUR X.

Ah! que c'est impatientant!.. Tenez, le voilà, mon billet, fauteuil de la première galerie, nº 19, êtes-vous contente?

L'OUVREUSE.

Je ne suis ni contente ni fâchée. Qu'est-ce que ça me fait que ce soit vous ou un autre qui occupiez ce fauteuil? Tiens..., et c'est un billet de faveur!

MONSIEUR X.

Hein? que dites-vous?... Que j'ai un billet de faveur?... Mais certainement que j'en ai un... il ne manquerait plus que je vinsse ici en payant. (Au public.) Pardon, messieurs, mais l'indiscrétion de cette ouvreuse m'oblige à des révélations. Je suis monsieur « de huit heures à minuit » .. Hein! plaît-il?.. Monsieur de huit heures à minuit, vous savez... c'est moi, qui, dans les gazettes, suis chargé... (Regardant au balcon.) Ah! tiens! elle est ici! (Il tire de sa poche un agenda et se met à écrire après avoir dit.) Pardon, messieurs... (Reprenant.) Je dois faire tous les soirs, le compte rendu (Se penchant sur la galerie et cherchant à voir dessous.) Ah! je l'ai aperçu! il cherche à se cacher, mais je l'ai vu! (Ecrivant.) Il y est! (Reprenant.) aux premières représentations, surtout. Mais, comme je vous le disais, tous les soirs sans exception, je suis chargé par mon journal... (Regardant à droite.) Ah! bah! le baron!... (Il écrit. — Reprenant.) par mon journal de faire un compte rendu de l'aspect des salles de spectacle, de relater tout ce qu'elles renferment d'illustrations artistiques, dramatiques, politiques, industrielles, et commerciales.

BEAUMINOIS, se levant au balcon de gauche.

Comment, monsieur, vous vous permettez?... Mais je vous défends d'inscrire mon nom sur vos tablettes.

MONSIEUR X.

Pardon, monsieur... qui êtes-vous?

BEAUMINOIS.

Je suis Isidore Beauminois, fabricant de chaufferettes, au Feu éternel des vestales, rue des Mauvais-Garçons.

MONSIEUR X, écrivant.

Bon, ça y est!...

BEAUMINOIS.

Quoi?... qu'est-ce qui y est?...

MONSIEUR X.

Votre nom sur mes tablettes.

BEAUMINOIS.

Mais je m'y oppose, je proteste!

MONSIEUR X.

Vous n'en avez pas le droit.

BEAUMINOIS.

Pas le droit?... et le mur de la vie privée?...

MONSIEUR X.

Nous l'avons démoli.

BEAUMINOIS.

Démoli?

MONSIEUR X.

Voyons, monsieur, vous voulez la liberté ou vous ne la voulez pas.

BEAUMINOIS.

La lliberté!... Je ne la veux pas!

MONSIEUR X.

Eh bien ! moi, je la veux.

BEAUMINOIS.

Alors, je m'en vais.

MONSIEUR X.

Et pourquoi vous en allez-vous?

BEAUMINOIS.

Pour établir un alibi... Ma femme, qui garde la boutique, croit que je passe ma soirée au magasin et je m'y rends... Quand votre article paraîtra, le coup sera paré.

MONSIEUR X.

Eh! monsieur, pourquoi avez-vous parlé?

BEAUMINOIS.

J'ai parlé parce que j'étais au balcon... et que quand on est à un balcon, c'est pour parler... Ah! j'en ai de l'agrément, quand je vais au spectacle... Avez-vous vu Rabagas, monsieur?

MONSIEUR X.

Rabagas? Jamais! j'en serais bien fâché!

BEAUMINOIS.

Eh bien! moi, je l'ai vu... c'est-à-dire j'en ai vu la moitié... Au deuxième acte, j'ai reçu une paire de giffles... et si vous croyez que j'aime cette pièce-là... Serviteur, monsieur.

CASCARINE, *se levant au balcon de droite.*

Et moi aussi, je pars.

MONSIEUR X.

Tiens, Cascarine!

CASCARINE.

Ah! je suis indignée, je suis indignée! je suis furieuse! (*A monsieur X.*) C'est donc vous, monsieur, qui vous êtes permis de dire que j'étais à la première d'Héloïse et d'Abélard, et que j'avais beaucoup ri à la situation du troisième acte.

MONSIEUR X.

Pardon, mademoiselle, mais...

CASCARINE.

Ça n'est pas moi... je n'ai pas ri... D'abord, je n'ai rien compris à cette pièce-là.

MONSIEUR X.

C'est pourtant historique.

CASCARINE.

Non, monsieur, ça ne l'est pas.

MONSIEUR X.

Comment savez-vous?...

CASCARINE.

On me l'a dit; et d'ailleurs, quand j'aurais ri, est-ce qu'on va aux Folies-Dramatiques pour pleurer?

MONSIEUR X.

Certainement, mademoiselle; si vous vous étiez mise à la place d'Héloïse, vous auriez eu des émotions.

CASCARINE.

Mes émotions ne vous regardent pas... Et si vous continuez à écrire sur mon compte, vous aurez affaire à mon cousin Pierre.

MONSIEUR X.

Pierre Abélard?

CASCARINE.

Non monsieur..... pas Abélard.

Elle sort.

MONSIEUR X.

Et voilà le public d'aujourd'hui! Messieurs, vous allez assister à la représentation d'une Revue. Certainement, la Revue est encore la meilleure des pièces; c'est celle qui nous divise le moins .. Mais laissez-moi vous dire que dans toutes nos soirées dramatiques, le spectacle... (Il s'assied et regarde un monsieur qui, assis à côté de lui, se gratte la main; le monsieur, en se voyant regarder, s'arrête. Reprenant.) le spectacle est souvent bien moins sur le théâtre que dans la salle... Et pourquoi laisserions-nous dans l'oubli un public d'élite composé de toutes nos illustrations parisiennes? Pourquoi ne dirions-nous pas que monsieur un tel... (Il s'arrête encore en regardant le monsieur qui, maintenant, se gratte l'épaule; même jeu du monsieur qui s'arrête en se voyant observé.) pourquoi ne dirions-nous pas que monsieur un tel ou madame une telle était tel jour dans telle loge, vêtus de telle manière? (Il se gratte lui-même.) La publicité est-elle interdite?... Avons-nous ou n'avons-nous pas la liberté de la presse?... Arrière les esprits rétrogrades qui cherchent encore à se dissimuler dans les ténèbres de l'ignorance? (Ils se grattent tous deux.) Ecrivons, reporter, écrivons, chroniqueur, écrivons encore, écrivons toujours, écrivons en marchant, écrivons en mangeant, écrivons... Mais, sapristi! monsieur, pourquoi vous grattez-vous comme ça?

LE MONSIEUR.

Pardon, c'est que je sors de l'exposition des insectes, et...

MONSIEUR X, quittant sa place.

Oh! saperlotte! c'est donc ça...

LE MONSIEUR, se levant aussi.

Mais monsieur...

PREMIER MONSIEUR, sortant.

Ah! vous n'allez pas me suivre, j'espère!...

TROISIÈME MONSIEUR, le suivant.

Non, monsieur; mais moi-même j'éprouve le besoin de prendre l'air...

MONSIEUR X.

Ne m'approchez pas!... Ils sortent.

TROISIÈME TABLEAU

On frappe trois coups après quelques mesures d'ouverture, le rideau se relève, on est devant un ravissant décor. Le théâtre représente la quatrième cataracte du Nil, une espèce d'oasis, partout de l'eau et des fleurs.

SCÈNE PREMIÈRE

BEAUBICHARD, LES SOURCES DU NIL.

Au lever du rideau, Beaubichard est nonchalamment couché sur un tertre de fleurs. — Les Sources du Nil, représentées par des jeunes filles en costumes allégoriques, l'entourent en le comblant de soins, les unes l'éventent avec des feuilles de palmier, d'autres lui versent à boire.

BEAUBICHARD, à l'une des Sources, après avoir éternué.
Ah mais ! tu me chatouilles le nez, ma bonne !

PREMIÈRE SOURCE.
Oh ! pardon, maître, c'était pour te mieux éventer.

DEUXIÈME SOURCE.
Ne sais-tu pas que chacune de nous n'a qu'un désir ?

TROISIÈME SOURCE.
Te plaire et te rendre heureux.

QUATRIÈME SOURCE.
Te combler de soins, de tendresse et d'amour !

BEAUBICHARD.
Parfait ! parfait !... vous êtes charmantes, mais (Se levant.) voilà longtemps que je ne me suis raconté mon histoire, et j'ai besoin de me la rappeler... (Au public.) J'étais, il y deux ans, à Brives-la-Gaillarde, où j'avais fondé le cercle du *Radis noir*... A ceux qui me demanderaient pourquoi j'avais fondé ce cercle, je répondrais que c'était pour me trouver le moins possible avec ma femme, madame Beaubichard. Un jour, en lisant les feuilles publiques, je vis qu'un Anglais, madame Livingstone, s'était fait avancer une assez forte somme d'argent pour aller

à la découverte des sources du Nil. Ce fut une lueur ! Je proposai à mes collègues, tous savants, d'illustrer notre cercle, en me chargeant d'aller, moi aussi, à la découverte d'une cataracte quelconque... Une souscription s'organisa, j'empochai la souscription et je quittai Brives-la-Gaillarde avec plaisir, et ma femme avec plaisir aussi.. Enfin, je suis allé plus loin que Livingstone... j'ai touché la quatrième cataracte, située à côté du lac Blanc et confinant à la montagne de la Lune. Ici je vis comme Robinson, entouré de ces charmantes immortelles qui certainement valent bien Vendredi.

AIR : *De M. Cœdès.*

Tenez, regardez-les !
A Brives-la-Gaillarde,
Ma femme n'eut jamais
De semblables attraits!
Les voilà, qui déjà
M'appellent; si je tarde,
Ça les affligera,
Ça les désolera!
Laissons-nous adorer
Par ces merveilles
Sans pareilles;
Je veux les admirer
Et ne jamais m'en séparer.

Pendant ce dernier refrain, les Sources sont descendues, ont entouré Beaubichard et l'entraînent en répétant avec lui.

LES FEMMES.

Nous voulons l'entourer
De nos merveilles
Sans pareilles!
Et, pour les adorer,
Viens avec nous les admirer.

Ils remontent.

SCÈNE II

LES MÊMES, LARDILLON, en costume de voyage.

LARDILLON, au public.

Mon odyssée est des plus étranges. Je suis membre du cercle du *Radis noir*, à Brives-la-Gaillarde... Il y a deux ans, Beaubichard, un de mes amis, une canaille, du reste, carotta vingt-cinq mille francs au comité du cercle pour dégoter le célèbre

Livingstone. C'est pour le trouver que je suis allé à sa recherche et...

BEAUBICHARD, au fond.

Oui, mes charmantes, à tantôt!

Les femmes sortent.

LARDILLON.

Beaubichard!

BEAUBICHARD.

Mon nom? Est-il possible! Lardillon!

LARDILLON.

Je te rencontre, enfin!

BEAUBICHARD.

Tu me cherchais?

LARDILLON.

Je ne fais que ça. Comment, malheureux, tu filoutes l'argent du comité?

BEAUBICHARD.

Moi?

LARDILLON.

Tu découvres la Quatrième cararacte, et tu ne t'empresses pas de nous en faire part?

BEAUBICHARD.

Pardon! De quoi m'avez-vous chargé? de la découvrir, n'est-ce pas? Eh bien, je l'ai découverte. Vous vouliez qu'elle fût connue? je la connais; qu'elle fût habitée? je l'habite. Qu'avez-vous à dire?

LARDILLON, à part.

Attends, mon bonhomme, nous allons voir. (Haut.) Eh bien! mon cher ami, je t'approuve, et la preuve, c'est que je reste ici avec toi.

BEAUBICHARD.

Ah! à la bonne heure!

LARDILLON.

Et avec ta femme!

BEAUBICHARD.

Hein?

LARDILLON.

Je l'ai laissée à Zanzibar, elle sera ici dans huit jours.

BEAUBICHARD.

Partons, mon ami, partons bien vite.

LARDILLON.

Pourquoi donc?

BEAUBICHARD.

Cette île est très-malsaine. (L'entraînant.) Il y a dans le pays des serpents, des tigres, des lions, une foule de bêtes... (A part.) Et ma femme qui arrive! (Haut.) Viens, mon ami, viens...

Ils sortent.

SCÈNE III

LA CATARACTE, seule.

A peine les deux hommes sont-ils sortis que le fond s'ouvre et que de l'oasis sort la cataracte. Costume égyptien très-brillant et très-fantaisiste.

LA CATARACTE.

Partir, me quitter, déjà!... et je le souffrirais, moi, la quatrième Cataracte du Nil?... Oh! mais non! Comment, après tout le mal que je me suis donné pour lui plaire, et quand je me croyais adorée de lui!... En vérité, ce serait à douter de ma puissance.

Air : *De M. Cœdès.*

Jamais on ne venait chez moi,
Et je ne savais pas pourquoi
Le ciel, pour moi plein de bontés,
M'avait donné tant de beautés!
Enfin, là-bas dans l'île verte,
Rêvant à des destins meilleurs,
Je dormais couverte de fleurs...
Quand un monsieur m'a découverte.
Ah! qu'elle est belle! s'écria
Le mortel qui me réveilla.
Puis, il jura, par mes attraits,
De ne m'abandonner jamais!
Jamais! et déjà l'infidèle
Songerait à me planter là!
Sans doute qu'il rêve déjà
Une découverte nouvelle.
Mais il restera sous ma loi!
Quand on est ce que je suis, moi,
On peut quitter un mortel... mais
Se voir quitter par lui, jamais!

BEAURICHARD, en dehors.

Par ici, viens par ici!

LA CATARACTE.

Le voici, attention!

TROISIÈME TABLEAU

SCÈNE IV

LA CATARACTE, BEAUBICHARD, LARDILLON, entrant.

BEAUBICHARD, à Lardillon.

C'est de ce côté... Nous allons!... (Apercevant la Cataracte. Aïe... la Cataracte!

LA CATARACTE.

Où vas-tu donc?

BEAUBICHARD.

Pardon, mais j'apprends que, depuis mon départ, il s'est passé de grandes choses en Europe et, comme nous manquons ici de journaux, je vais...

LA CATARACTE.

Des journaux! Tiens, voilà tous les nouveaux journaux de cette année.

SCÈNE V

LES MÊMES, LE DIX-NEUVIÈME SIÈCLE, LE SIFFLET, LA GUÊPE, LA SCIE, LA RÉPUBLIQUE FRANÇAISE et L'ÉVÉNEMENT.

LES JOURNAUX, entrant.

AIR : *De M. Marius Boullard.*

Achetez-nous, achetez-nous!
Choisissez, c'est à vous!
Vous en aurez pour tous les goûts,
Bien vite, achetez-nous!

LE DIX-NEUVIÈME SIÈCLE.

Voyez les journaux modèles!
Dans ce siècle des journaux,
Faute de choses nouvelles,
On a des journaux nouveaux.

LA RÉPUBLIQUE FRANÇAISE.

Nous voici
Tous ici,
Critiques
Et politiques,

Et tous plus ou moins comiques,
A vous
Nous nous offrons tous !

REPRISE

Achetez-nous, etc.

BEAUBICHARD.

Achetez-nous!... achetez-nous!... certainement, à première vue...

LARDILLON, prenant la taille de la Guêpe.

Cette petite feuille-là, surtout.

LA GUÊPE, le piquant avec un petit dard.

Insolent !

LARDILLON.

Aïe! voulez-vous finir, vous!

BEAUBICHARD.

Voyons, Lardillon, ne te permets pas de licences envers la presse, et laisse-moi interroger ces nouvelles feuilles, dont le besoin se faisait vivement sentir.

TOUS LES JOURNAUX.

Moi, je suis le plus utile, le meilleur, le plus indispensable des journaux, parce que...

BEAUBICHARD.

Oh! pardon, pardon! Si vous parlez tous à la fois... De grâce, expliquez-vous les uns après les autres, en commençant par la droite.

LE DIX-NEUVIÈME SIÈCLE.

C'est cela, et je commence.

AIR : *De M. Marius Boullard.*

Le Dix-Neuvième siècle est mon titre magique,
Et mon siècle du siècle accuse les travers;
J'enfonce le vieux siècle et, par ma politique,
Je dois de siècle en siècle étonner l'univers.

L'ÉVÉNEMENT.

Je suis *l'Événement*, déjà mon succès roule;
De chaque événement parle l*Evénement*,
Et d'événements en événements, la foule
Suivit *l'Evénement* dès son avénement.

LE SIFFLET.

Moi, je suis *le Sifflet*... ma rigueur est extrême!
Je siffle pour un oui, je siffle pour un non!
Parfois, je suis tenté de me siffler moi-même,
Car souvent, le premier, j'ai mérité mon nom.

LA SCIE.

Moi, comme *le Sifflet*, je dessine et compose :
Je m'appelle *la Scie*, et le public surpris,
En voyant mes dessins, en savourant ma prose,
Comprend parfaitement le titre que j'ai pris.

LA GUÊPE.

Depuis plus de trente ans, on me craint on m'adore;
Guêpe malicieuse, aux clubs et dans les cours,
Je piquais autrefois, je veux piquer encore,
Et je n'ai qu'un désir : c'est de piquer toujours!

LA RÉPUBLIQUE FRANÇAISE.

République française, on m'accueille, on me fête;
Mais, à l'étonnement de mes admirateurs,
Je veux tout conserver, cent fois je le répète,
Et cela fait trembler tous les conservateurs.

BEAUBICHARD.

Entre vous six, mon cœur balance;
Pourtant, faire un choix parmi vous
Serait montrer ma préférence...
J'aime mieux vous refuser tous.

TOUS.

Il ne faut pas que tu balances.
Viens à moi, ne va pas à nous;
Bien digne de tes préférences,
Seul je dois l'emporter sur tous.

BEAUBICHARD.

Ah! en voilà assez de journaux!

SCÈNE VI

LES MÊMES, LA VIE ÉLÉGANTE.

LA VIE ÉLÉGANTE.

Eh bien!... eh bien!... qu'est-ce donc ?

LARDILLON.

Ah! la jolie feuille!... Comment vous nommez-vous?

LA VIE ÉLÉGANTE.

Je suis un nouveau journal: *la Vie Élégante.*

BEAUBICHARD.

Ah! la vie élégante! J'aime ça, moi.

LARDILLON.

Moi aussi... et si madame a quelque chose d'élégant à nous montrer,

LA VIE ÉLÉGANTE.

Mais moi, d'abord.

BEAUBICHARD.

Mais oui, tu es bête, Lardillon! Comment ne t'aperçois-tu pas que madame est le type de l'élégance?

LARDILLON.

Pardon, mais ce costume.

LA VIE ÉLÉGANTE.

Tout ce que l'année a produit de plus élégant.

LARDILLON.

Eh quoi! cette robe à ramages...

LA VIE ÉLÉGANTE.

Dernier numéro du *Journal des modes*.

LARDILLON.

C'est drôle, j'ai un portrait de la grand'mère de ma grand'-mère qui portait une robe exactement semblable.

LA VIE ÉLÉGANTE.

C'est possible, mon cher; ce qui était vieux jadis peut-être nouveau en 1872.

LA GUÊPE.

C'est juste; plus ça change, plus c'est la même chose.

L'ÉVÉNEMENT.

Ah! voilà un mot qui n'est pas nouveau non plus...

BEAUBICHARD.

Et ce chapeau qui vous va si bien?

LA VIE ÉLÉGANTE.

C'est le chapeau Rabagas.

BEAUBICHARD.

Ah! le chapeau Rabagas; c'est donc ça qu'il me tirait l'œil!

LARDILLON.

Certainement que tout cela... Mais pas un diamant?... pas un bijou?

LA VIE ÉLÉGANTE.

Mais si, monsieur... (Lui présentant son bras.) Voyez.

LARDILLON.

Qu'est-ce que c'est que ça?

LA VIE ÉLÉGANTE.

C'est le porte-bonheur.

LARDILLON.

Ce vilain petit bracelet?

LA VIE ÉLÉGANTE.

La folie de cette année... Ce bracelet se porte à un rang, à trois rangs, ou à cinq rangs... Il faut un nombre impair... et tant plus on en met, tant plus ça porte bonheur...

BEAUBICHARD.

Au marchand.

LARDILLON, indiquant un objet qui pend à la ceinture du journal.

Mais qu'est ce que c'est donc que ça?... Le sabre de madame votre mère?...

LA VIE ÉLÉGANTE.

Cela, monsieur, c'est l'éventail géant!

Elle ouvre l'éventail, qui doit être démesurément grand.

BEAUBICHARD.

Ah! le superbe éventail!

LARDILLON.

Superbe! magnifique! Je suis sûr qu'il pourrait servir à deux.

LA VIE ÉLÉGANTE.

Voulez-vous essayer?

LARDILLON.

Si je le veux?

Il disparaît avec elle derrière l'éventail.

BEAUBICHARD, frappant sur l'éventail comme à une porte.

Eh bien, Lardillon! Lardillon!

LARDILLON, sortant de derrière l'éventail.

Ah! mais très-commode, très-commode pour les causeries intimes.

BEAUBICHARD.

Et voilà tous les nouveaux journaux de cette année?

SCÈNE VII

LES MÊMES, LE PEUPLE SOUVERAIN.

LE PEUPLE SOUVERAIN, entrant.

Tous, et moi donc?

AIR : *De M. Cœdès.*

Nom d'un nom! je suis *le Peuple souverain*!
Vite, que l'on s'abonne!
Pour un sou je me donne,
Et chacun tend la main.

TOUS.

Eh quoi! pour un sou *le Peuple souverain*!
Vraiment cela m'étonne,
Un journal qui se donne
Fera-t-il son chemin?

LE PEUPLE SOUVERAIN.

Oui, pour le prix d'un sou,
J'ai fait, c'est magnifique,
D'une feuille de chou
Un journal politique...

Et le peuple, un peu fou,
Peut, grâce à ma faconde,
Se croire pour un sou
Le souverain du monde!
Nom, d'un nom! je suis *le Peuple souverain!* etc.

REPRISE

TOUS.

Eh quoi! pour un sou *le Peuple souverain!* etc.

BEAUBICHARD.

Mais qui vous donna
Ce beau titre là?

LE PEUPLE SOUVERAIN.

Je me l'suis donné moi-même!

LARDILLON.

Mais qui vous a donc
Couronné?

LE PEUPLE SOUVERAIN.

Crénom!
Je m'suis couronné moi-même!

BEAUBICHARD.

Les yeux fermés
Vous vous nommez?

LE PEUPLE SOUVERAIN.

Moi-même!

LARDILLON.

Et vous régnez,
Vous gouvernez?

LE PEUPLE SOUVERAIN.

Moi-même!

BEAUBICHARD.

Mais, roi-citoyen,
Faites-vous du bien?

LE PEUPLE SOUVERAIN.

Je m'fais du bien à moi-même!

LARDILLON.

Eh! mais, oui-dà (*bis*)
Je ne vois pas grand mal à ça!

RÉCITATIF

BEAUBICHARD.

Votre prétention est-elle bien fondée?
Sans me forcer à lire un de vos numéros,
Ne pouvez-vous m'instruire en quelques mots,
Et de votre journal me donner une idée?

LE PEUPLE SOUVERAIN.

Si fait, écoutez bien cela.

TOUS.

Nous vous écoutons.

LE PEUPLE SOUVERAIN.

M'y voilà!
C'est au peuple que je m'adresse,
Et je lui prouve qu'il est roi,
En lui disant : l'État c'est toi!
En le flattant avec adresse.

Par mes articles séducteurs
J'encourage ses plus doux rêves;
Et je lui conseille les grèves,
Pour enrichir les travailleurs.

Je dis à tous les prolétaires :
Régnez et ne faites plus rien;
Le bien d'autrui, c'est votre bien...
Les bourgeois sont vos tributaires.

Que chacun d'eux, persécuté,
Soit esclave et ferme boutique!
Ainsi, ma voix patriotique
Parle au nom de l'*Egalité*!

A la puissance, à l'égoïsme,
Peuple, impose ta volonté
C'est au nom de la *Liberté*
Que je prêche le despotisme!

Parfois aussi, dans la cité,
Moi, je conseille aux patriotes
D'aller se flanquer des calottes,
Au nom de la *Fraternité*.

On approuve tous mes systèmes;
On croit que l'avenir est là,
Et je suis, comprenez cela,
Approuvé des bourgeois eux-mêmes!

REPRISE EN CHOEUR PAR TOUS LES PERSONNAGES

Nom d'un nom! je suis *le Peuple souverain* ! etc.

Sortie de tous les Journaux et de la Cataracte.

LARDILLON.

Mais nous oublions de nous mettre en route.

BEAUBICHARD.

C'est juste; la Cataracte est partie.., filons.

SCÈNE VIII

LES MÊMES, NOÉMIE, puis les BOHÉMIENS.

NOÉMIE, entrant.

Pardon, messieurs...

BEAUBICHARD.

Oh! la jolie dame!

NOÉMIE.

Je me crois égarée... Suis-je loin du lac Dembéa?

BEAUBICHARD.

C'est toujours tout droit... Mais est-ce que madame voyage seule?

NOÉMIE.

Il le faut bien, puisque les devoirs de mon mari ne lui permettent pas de m accompagner.

BEAUBICHARD.

En effet, pour ne pas accompagner madame, il faut que des devoirs bien impérieux...

NOÉMIE.

Oh! oui, monsieur, très-impérieux!... J'ai épousé le célèbre Hyacinthe...

LARDILLON, stupéfait.

Hyacinthe!

NOÉMIE.

Quoi donc?

LARDILLON.

Quoi, vous seriez?... Ah! madame, mais il n'est bruit dans l'univers que de votre mariage...

NOÉMIE.

A qui le dites-vous?... Toute la troupe a voulu s'y opposer.

LARDILLON et BEAUBICHARD

La troupe!

NOÉMIE.

Mais mon mari a tenu bon.

BEAUBICHARD.

Ah! je comprends!

LARDILLON.

Ne dis pas ça, mon ami, ne dis pas ça... Certainement que lorsqu'on voit madame... il est bien difficile... Mais rompre un engagement qui devait...

NOÉMIE.

Comment, rompre son engagement; mais c'est une erreur... il est toujours engagé.

LARDILLON.

Oh! je sais qu'il soutient cette thèse... mais le fait seul de son mariage le rompt.

NOÉMIE.

Non, monsieur, son mariage n'a rien rompu... et la preuve, c'est que ses directeurs ont renouvelé son engagement pour cinq ans et avec mille francs d'augmentation.

LARDILLON.

Comment, on l'a augmenté pour ça?

NOÉMIE.

Même que je suis allé faire de l'œil à la direction, et que j'ai obtenu pour lui un congé.

BEAUBICHARD et LARDILLON.

Un congé?

NOÉMIE.

Oui, il devait jouer dans la pièce nouvelle, mais on donnera son rôle à Lassouche, et nous irons pour deux mois en Italie.

LARDILLON.

Son rôle à Lassouche? .. Lassouche jouerait le rôle du père... Mais de qui me parlez-vous donc, madame?

NOÉMIE.

Je vous parle de mon mari.

LARDILLON.

De quel mari?

NOÉMIE.

D'Hyacinthe.

LARDILLON.

De quel Hyacinthe?

NOÉMIE.

D'Hyacinthe du Palais-Royal.

LARDILLON.

Ah!...

NOÉMIE.

De quel Hyacinthe parliez-vous donc?...

LARDILLON.

Non, non, nous nous trompions.

NOÉMIE.

Je vois ce que c'est, vous êtes comme les camarades de mon mari, vous blâmez mon mariage.

AIR : *De M. Marius Boullard.*

I

Ne fais pas ça! (*Bis.*)
A mon mari voilà
Ce qu'ils disaient sans cesse.
Lui-même avait fait la promesse
De ne se marier jamais...
Mais, mais, mais, mais...
Il fit ce mariage-là,
Malgré l'amitié vraie ou feinte,
Qui lui disait : Mon cher Hyacinthe,
Ne fais pas ça!
Ne fais pas ça!

II

Ne fais pas ça! (*Bis.*)
Ton état veut cela;
Reste célibataire!
Et lui, très-fort de caractère,
Disait toujours : Je le promets...
Le blâme aujourd'hui qui voudra!
A l'homme dont le cœur soupire
C'est vainement que l'on vient dire :
Ne fais pas ça!
Ne fais pas ça!

Ici, une bande de bohémiens envahit le théâtre et plante plusieurs tentes.

LARDILLON.

Qu'est-ce que c'est que cela?...

BEAUBICHARD.

Une ribanbelle de je ne sais quoi, qui se permet...

LARDILLON.

Mais que font-ils donc?

NOÉMIE.

Ah! j'y suis!... je devine, ce sont les bohémiens...

LARDILLON et BEAUBICHARD.

Les bohémiens?...

LA CATARACTE, qui est rentrée.

Mais oui, cette année, Paris a reçu la visite de nombreux bohémiens...

NOÉMIE.

Qui partout plantaient leurs tentes,..

LA CATARACTE.

Sans demander la permission à personne...

LARDILLON.

Ah! mais ça ne peut pas se passer comme ça!... je vais leur parler, moi... Messieurs et mesdames, de quel droit vous permettez-vous?...

Tous les bohémiens descendent à l'avant-scène.

LES BOHÉMIENS.

AIR: *De M. Cœdès.*

Nous sommes des bohémiens
La race vagabonde;
Partout nous vivons sans biens
Et par tous les moyens.
Nous sommes les bohémiens,
Les citoyens du monde,
D'un monde de citoyens
Plus ou moins bohémiens!

PREMIER BOHÉMIEN.

Chacun de nous se contente
Du peu que nous avons;
Et partout où nous nous trouvons,
Nous plantons notre tente.

REPRISE

LES BOHÉMIENS.

Nous sommes des bohémiens
La race vagabonde;
Partout nous vivons sans biens
Et par tous les moyens.
Nous sommes les bohémiens,
Les citoyens du monde,
D'un monde de citoyens
Plus ou moins bohémiens!

LES AUTRES.

Quoi! voilà des bohémiens
La race vagabonde!
Partout ils vivent sans biens
Et par tous les moyens;
Car ce sont les bohémiens,
Les citoyens du monde,
D'un monde de citoyens
Tout aussi bohémiens!

PREMIER BOHÉMIEN.

Partout, avec audace,
Nous nous introduisons;
Nous choisissons la place
Où nous nous reposons.

LARDILLON.

Ah mais ! tu nous embêtes!

NOÉMIE.

Oui, c'est asticotant !

LA CATARACTE.

Regardez où vous êtes...

BEAUBICHARD.

Et fichez-nous le camp!

REPRISE DU PREMIER CHŒUR

Nous sommes les bohémiens, etc.

Pendant ce chœur, on chasse les bohémiens. Sortie générale.

SCÈNE IX

BEAUBICHARD, LARDILLON, CYPRIEN.

LARDILLON, regardant à gauche.

Qu'est-ce que c'est que ça?

BEAUBICHARD.

Un militaire.

LARDILLON.

Non, ce n'est pas un militaire.

BEAUBICHARD.

C'est peut être un soldat... Après ça, nous allons voir.

Entre Cyprien.

CYPRIEN, en collégien avec tout un équipement militaire, fusil, sac, giberne.

AIR : *De M. Cœdès.*

Je suis le premier d'la première
A la pension Ravanais,
Et chaque jour la classe entiè
S'étonne et vante mes progrès;
Je n'sais pas lir', j'sais pas écrire,
Du moins je l'sais confusément...
Mais je suis capable d'instruire
Et de conduire un régiment.
Ah! dam! les premiers temps sont rudes,
Mais comme on fait de bonn's études

En apprenant
Ce qu'on m'apprend!
Ah!
Pour l'éducation, } *bis.*
Rien n'égale ma pension!

BEAUBICHARD.

Pardon, pardon, vous parlez de pension... Est-ce que vous seriez?...

CYPRIEN.

Cyprien Dubelair, 17 ans d'âge. 3 ans d'école, trois grades et six blessures reçues en me flanquant des torgnoles avec la pension Marmouset.

BEAUBICHARD.

Diable! diable! diable!...

CYPRIEN.

D'ailleurs, c'est écrit sur mes boutons : Pension Ravanais, à Trifouillis-les-Pruneaux.

BEAUBICHARD, *regardant.*

C'est vrai... il y a des pruneaux.

CYPRIEN.

Premier de la première et chef de peloton.

LARDILLON.

Qu'est-ce qu'il a dit?

BEAUBICHARD.

Il a dit peloton.

LARDILLON.

J'ai bien entendu; mais je ne m'explique pas ce terme inusité dans les pensionnats de jeunes gens.

CYPRIEN.

Oh! dans le nôtre, tout marche militairement. Exemple : à cinq heures du matin, un roulement de tambour.

TOUS TROIS, *imitant le tambour.*

Rrrrrrrrran!

CYPRIEN.

Nous nous réveillons.

BEAUBICHARD.

Je crois bien!

LARDILLON.

Il y a de quoi!

CYPRIEN.

Et, après vingt minutes données aux soins de la toilette, à l'équipement...

LARDILLON.

Vous entrez en classe?

CYPRIEN.

Nous descendons dans la cour.

TOUS DEUX.

Dans la cour ?

CYPRIEN.

Là on fait l'appel et on passe l'inspection.

BEAUBICHARD.

Comment, votre principal...

CYPRIEN.

On a remplacé le principal par un caporal. Après l'inspection... rrrrrrrran !

LARDILLON.

Vous montez en classe ?

CYPRIEN.

Nous faisons l'exercice.

TOUS DEUX.

L'exercice ?

CYPRIEN.

Ça nous conduit à neuf heures... Alors on déjeune.

BEAUBICHARD.

Au réfectoire ?

CYPRIEN.

Non, à la gamelle.

TOUS DEUX.

La gamelle ?

CYPRIEN.

Après le déjeuner...

LARDILLON.

Ah ! c'est l'heure des études ?

CYPRIEN.

Non, c'est l'heure de la promenade militaire... Ran plan plan plan !

Ils marchent au pas tous les trois.

BEAUBICHARD.

Est-ce que vous faites cette promenade... longtemps ?

CYPRIEN.

Une heure seulement, et après nous entrons en classe.

TOUS DEUX.

Ah ! enfin !

CYPRIEN.

Où nous commençons par la géographie.

LARDILLON.

Ah ! c'est par la géographie...

CYPRIEN.

Oui, pour ne pas confondre Saint-Denis avec Lonjumeau.

LARDILLON.

Allons donc ! est-ce qu'il est possible de confondre ?...

CYPRIEN.

Ça s'est vu. — Après la géographie, nous étudions la théorie; de la théorie nous passons à la stratégie, de la stratégie au manége, du manége au trapèze, du trapèze au réfectoire, du réfectoire à la salle d'études, où nous apprenons l'histoire.

TOUS DEUX.

Ah!

CYPRIEN.

L'histoire de Charlemagne, de Bayard, de Turenne, de Condé, l'histoire de tous nos héros.

BEAUBICHARD.

Bien! mais...

CYPRIEN.

De la salle d'études, nous passons à la salle d'armes, un roulement de tambour nous ramène au dortoir.

LARDILLON.

Sac à papier!

BEAUBICHARD.

Eh bien! et les études, le grec, le latin?

CYPRIEN.

Le grec, le latin, y n'en faut plus.

AIR : *De M. Cœdès.*

Rataplan!
En avant, en avant!
C'est bien plus utile
Qu'Homère et Virgile!
Non, rien n'est charmant
Comme rantanplan!
Rien n'est plus savant
Qu'en avant!

Plus de version, plus de thème!
Que penserait Rose ou Lison,
Si je leur disais : Je vous aime!
Dans la langue de Cicéron.
Nos ignorants, nos ignorantes,
Dans notre siècle si pressé,
Aux langues mortes du passé
Préfèrent les langues vivantes,
Rantanplan! etc.

Il sort.

LARDILLON.

Palsembleu! voilà un petit bonhomme qui fera un fier gaillard.

BEAUBICHARD.

Eh! mon ami, qu'en sais-tu? On est si souvent trompé dans la vie!...

SCÈNE X

LES MÊMES, POLYCARPE.

POLYCARPE, entrant.

Trompé?... vous avez été trompé?... par votre femme peut-être?

BEAUBICHARD.

Monsieur!

POLYCARPE.

Oh! alors, donnez-moi la main.

LARDILLON.

Bah! est-ce que votre femme?...

POLYCARPE.

Je crois que oui... et pourtant je ne suis marié que depuis huit jours.

TOUS DEUX.

Que depuis huit jours?

POLYCARPE.

Et dans toutes les conditions prescrites.

BEAUBICHARD.

Prescrites par qui?

POLYCARPE.

Par l'auteur de *l'Homme-Femme.*

BEAUBICHARD.

L'Homme-Femme?

LARDILLON.

Ah!

POLYCARPE.

Ma femme était mon premier amour.

BEAUBICHARD.

Sérieux?

POLYCARPE.

Non, monsieur, le premier de tous; avant elle, je puis vous jurer que personne...

LARDILLON.

Et vous croyez qu'elle vous a...

POLYCARPE.

Je le crois; malheureusement, je n'en suis pas sûr... et cela vient de ce que je ne sais pas...

BEAUBICHARD.

Vous ne savez pas, quoi?

POLYCARPE.

Je ne sais pas ce qu'il faut savoir pour être marié.

LARDILLON.

Tiens, pour être marié, il faut savoir quelque chose?

POLYCARPE.

Oh! oui, monsieur... il y a les hommes qui savent et les hommes qui ne savent pas.

LARDILLON.

Je comprends... ceux qui savent ne sont pas trompés.

POLYCARPE.

Si, monsieur, ils sont trompés comme les autres.

BEAUBICHARD.

Alors, ils savent qu'ils sont trompés?

POLYCARPE.

Non, monsieur, ils ne le savent pas.

LARDILLON.

Alors, que savent-ils donc?

POLYCARPE.

Je n'en sais rien, puisque je ne sais pas.

BEAUBICHARD.

Ma foi, ni moi non plus.

POLYCARPE.

Mais l'auteur de *l'Homme-Femme* le sait, lui.

LARDILLON.

Et dit-il ce qu'il sait?

POLYCARPE.

Non; il dit qu'il sait... voilà tout.

BEAUBICHARD.

Alors, c'est bien embarrassant.

POLYCARPE.

Oh! oui, monsieur, d'autant plus que cet auteur, qui donne des conseils à son fils, ne suit pas du tout les conseils de son père.

TOUS DEUX.

Comment cela?

POLYCARPE.

Son père voulait qu'on assassinât les femmes vertueuses.

BEAUBICHARD.

Hein?

LARDILLON.

Vous dites?

POLYCARPE.

Oui, c'est lui qui a dit : « Elle me résistait, je l'ai assassinée! »

BEAUBICHARD.

Et le fils?

POLYCARPE.

Le fils dit qu'il faut assassiner celles qui ne résistent pas.

LARDILLON.

Quelle drôle de famille!

POLYCARPE.

Alors, vous voyez mon embarras... Quand ma femme résiste, ça m'inquiète; quand elle ne résiste pas, ça m'afflige... et comme je ne sais pas..., c'est très-embarrassant.

LARDILLON.

Ma foi, monsieur, si ma faible voix pouvait être entendue...

POLYCARPE.

Parlez, monsieur, je vous prie.

LARDILLON.

AIR : *Un Homme pour faire un tableau.*

Eh bien! moi, le chef d'un État,
Où les d'adultères attristent,
Je voudrais qu'on n'assassinât
Que les femmes qui nous résistent.

BEAUBICHARD.

Juste ciel! y songes-tu bien?
Pourquoi cette pensée immonde?

LARDILLON.

C'est que ce serait le moyen
D'assassiner bien moins de monde.

BEAUBICHARD.

Ah! sous ce rapport, tu as raison.

POLYCARPE.

Alors, vous me conseillez?

BEAUBICHARD.

Non, bigre!... je ne conseille rien, je suis comme vous, je ne sais pas.

POLYCARPE.

AIR : *De M. Marius Boullard.*

Ah! grand Dieu! dans quel embarras
Est un homme qui ne sait pas!

TOUS.

Ah! grand Dieu! dans quel embarras
Est un homme qui ne sait pas!

POLYCARPE.

Mais pour savoir ce qu'il me cache,
Chez l'auteur je vais de ce pas;
Il me dira c'qu'il faut que j'sache,
A moins qu'lui-mêm' ne le sach' pas!

REPRISE ENSEMBLE.

Ah! grand Dieu! dans quel embarras
Est un homme qui ne sait pas!

Polycarpe sort.

BEAUBICHARD, *au public.*

Et dire que voilà le problème éternel! savoir ou ignorer, être ou ne pas être... Toupie or not toupie! comme disait Hamlet.

LARDILLON, *qui est resté au fond.*

Tiens! en parlant de femmes... regarde donc!

BEAUBICHARD, *regardant.*

Ah! la charmante personne!

LARDILLON.

Et quel air pudibond sous ce costume virginal, emblème de l'innocence.

BEAUBICHARD.

Mon ami, ce doit être un ange de candeur.

SCÈNE XI

LES MÊMES, DENISE.

DENISE, *entrant.*

AIR : *De M. Marius Boullard.*

C'est moi, c'est moi, je suis
La rose du pays!
A la fête dernière,
On me nomma rosière!
Ah! ah! ah! ah! ah! ah!

LARDILLON.

Eh! quoi, il se pourrait... c'est à une rosière que nous avons le bonheur...

DENISE.

Oui, monsieur, Denise Giraud, pour vous servir.

BEAUBICHARD.

Voilà une rencontre assez rare!

DENISE.

Rares les rosières!... Oh! non, monsieur; cette année, on n'a vu que ça dans les environs de Paris.

BEAUBICHARD.

Ah bah!

DENISE.

Rosière à Nanterre, rosière à Puteaux, rosière à Argenteuil, rosière à Pantin!... deux rosières à Enghien! Enfin, messieurs, jusqu'à Bois-Joli, mon endroit, où l'on n'en avait jamais vu, on en a vu trois cette année.

LARDILLON.

Trois rosières à votre endroit!

DENISE.

C'est-à-dire trois concurrentes... Aussi j'ai eu un mal à me faire nommer.

BEAUBICHARD.

Ça n'a pas été tout seul?

DENISE.

Oh! non! Nous avons un nouveau maire, et on lui avait recommandé Toinon la Rousse et la grosse Madeleine... deux vertus sérieuses!

LARDILLON.

Est-ce que la vôtre, de vertu, n'était pas sérieuse?

DENISE.

Vous allez voir... Un soir que je savais que le nouveau maire arrivait au village, après m'être lissé les cheveux avec une brique rouge, j'm'en vas l'attendre au milieu d'un champ de blé...

TOUS DEUX.

L'attendre?

DENISE.

AIR : *De M. Marius Boullard.*

I

Comme par hasard, sur ses pas
Je fais semblant d'être surprise,
Et j'lui dis que j'attends Nicolas,
Nicolas dont j'suis la promise.
Alors, il me demande mon nom.
J'lui réponds que j'm'appell' Toinon.
— Quoi, Toinon, qui veut être rosière!
— Oh! n'en dites rien, monsieur l'maire!
Il me promit d'la discrétion
Mais à certain' condition...
Certes ce n'était pas grand'chose...
Mais Toinon n'a pas eu la rose!

LARDILLON.

Tiens! tiens! tiens!

BEAUBICHARD, à part.

Je flaire une canaillerie.

DENISE.

Enfin, nous nous quittons, et, pendant qu'il s'arrête chez le garde champêtre, moi j'vas bien vite changer d'costume, je mets un grand bonnet, une grosse limousine et je vais me replanter dans le champ de blé.

LARDILLON.

Oh ! très-forte ! très forte !

DENISE.

II

Le mair' repasse et, me voyant :
— Que fait's-vous là ? c'est lui qui parle...
Moi, d'me troubler je fais semblant
Et j'dis que j'attends mon cousin Charle;
Alors, il me r'demande mon nom !
— Madeleine, que j'lui réponds.
— Quoi, Mad'lein' qui veut être rosière !
— Ah ! grâce ! grâce ! monsieur l'maire !
Alors il me r'dit sur l'mêm' ton
Tout ce qu'il avait dit à Toinon.
Ce n'était rien... mais ça fut cause
Que Madelein' n'eut pas la rose.

BEAUBICHARD.

Cette jeune fille était née pour être diplomate.

LARDILLON.

C'est-à-dire que Machiavel...

DENISE.

Le lendemain, comme il s'en allait à l'élection de la rosière... je me trouve face à face devant lui... Il s'arrête, je le salue et je baisse les yeux... Mais alors c'est lui qui m'arrête et qui me dit : « Qui êtes-vous, mon enfant ? — Moi, monsieur le maire, je suis Denise, la fille à Jean Giraud. — Ah bah ! l'une de nos rosières, je crois... » A ce mot, je baisse les yeux et je réponds : « Oh ! je n'ai pas d'espoir, il y a tant d'intrigues dans ce pays ! — Vraiment ? il faut me conter cela ; suivez-moi, mon enfant. — Où donc, monsieur le maire ? — Ici, près, chez moi. »

III

Je lui réponds, en m'défendant :
— On en jaserait Dieu sait comme.
— Mais j'suis l'maire, mon enfant.
— Est-ce que le mair' n'est pas un homme ?
— Si fait, me dit-il, et tu l'verras...
Car au conseil et de ce pas
Pour toi je vais d'mander la rose.
— Ah ! dans ce cas ça serait autr' chose. »

Alors, au conseil il alla...
Je n'sais pas ce qui s'est passé là...
Enfin, messieurs, je n'sais qu'un' chose,
C'est qu'ce jour-là j'obtins la rose!

Après ce chant, on entend la grosse caisse à la cantonade.

LARDILLON, qui vient de remonter.

Ah! mon Dieu! quel est ce cortége?

DENISE.

C'est celui des rosières de l'année.

BEAUBICHARD.

Ah! sapristi! qu'est-ce que nous allons faire de tant de vertus?

SCÈNE XII

LES MÊMES, BERTHE, JEANNE, LISE, ANNA, JOSÉPHINE, CLAUDINE, CHARLOTTE ET DIX AUTRES ROSIÈRES. — POMPIERS, FANFARE.

Cortége. En tête les pompiers jouant une fanfare et suivis de deux gardes champêtres qui précèdent les rosières, conduites par des messieurs. On fait le tour du théâtre et les notables vont se placer au fond pendant que toutes les rosières redescendent, face au public, Denise au milieu.

LARDILLON.

Baubichard, qu'est-ce que tu dis de ça?

BEAUBICHARD.

Je dis qu'on respire un parfum de vertu!... Ah! que ça sent donc bon, la rose!...

LE GRAND MONSIEUR.

Fleurs de sagesse et d'innocence, vous pouvez rompre les rangs pendant que je vais m'entretenir avec la municipalité.

DENISE, aux rosières.

Où donc que vous vous rendez comme ça?

BERTHE.

C'est un riche monsieur qui a eu l'idée de réunir dans un banquet vertueux toutes les rosières de cette année.

DENISE.

Un monsieur... Quel monsieur?

JEANNE.

Tiens, le grand là-bas, au milieu de l'estrade.

LISE.

Et, sitôt après le repas, nous partons pour Paris.

DENISE.

Pour Paris ?

MARTHE.

Pardine! est-ce que tu crois que nous allons rester au village pour reverdir ?

CLAUDINE.

Maintenant que nous avons fait nos preuves d'innocence et de candeur, nous allons courir la pretentaine.

MARIA.

Nous allons faire rouler les écus de la municipalité.

CATHERINE.

J'irai au bal.

ALPHONSINE.

Moi, au spectacle.

ANNA.

Moi, je vais à Paris pour épouser un photographe... c'est ma toquade.

TOUTES.

Oh ! un photographe !

SÉRAPHINE.

Tiens, c'est pas si bête; on peut avoir son portrait tous les jours.

Ici, un appel de la fanfare ramène l'attention au fond où le gros monsieur est entouré des notables et des gardes champêtres.

LE GRAND MONSIEUR.

Mes enfants, dans ce siècle de banquets littéraires, populaires, égalitaires, universitaires et révolutionnaires, il m'est venu l'idée singulière d'un banquet de rosières.

LARDILLON, à part.

C'est réactionnaire.

LE GRAND MONSIEUR.

Mais j'apprends que la matelotte est en retard, et, en attendant la matelotte, je propose une ronde vertueuse.

TOUS et TOUTES.

Ah ! bravo ! bravo !

LE GRAND MONSIEUR.

Attention la fanfare !

LE GRAND MONSIEUR.

AIR : *De M. Marius Boullard.*

Tous en chœur
Répétons : honneur
A l'innocence, à la candeur !

CHŒUR.

Tous en chœur, etc.

PREMIER POMPIER.

Il faut, aux sons d'la fanfare,
Chanter les vertus qu'voici !

DEUXIÈME POMPIER.

Non, la vertu n'est pas rare,
Y en a partout... même ici !

TROISIÈME POMPIER.

On en rencontre à Chatou,
A Vaugirard, à la Barre.

DENISE.

En en trouve un peu partout...
Même à la Ferté-sous-Jouarre.

CHŒUR.

Tous en chœur, etc.

QUATRIÈME POMPIER.

DEUXIÈME COUPLET.

Jeune rose printanière,
Prends-moi pour ton jardinier.

CINQUIÈME POMPIER.

Ah ! prends-moi, jeune rosière,
Car, vrai, je suis un rosier.

SIXIÈME POMPIER.

Les Rosières, sur ma foi,
M'écoutent lorsque je cause.

SEPTIÈME POMPIER.

Elles me disent à moi :
Non, tu n'auras pas ma rose !

CHŒUR.

Tous, en chœur, etc.

Cette ronde est accompagnée par la fanfare.
Changement à vue.
Le théâtre représente un jardin avec portiques au fond.

CHANGEMENT A VUE

QUATRIÈME TABLEAU

Le théâtre représente un jardin avec portiques au fond.

SCÈNE PREMIÈRE

LA CATARACTE, LARDILLON, BEAUBICHARD

LA CATARACTE.

Venez, suivez-moi.

BEAUBICHARD.

Où nous conduis-tu ?

LA CATARACTE.

Ne m'as-tu pas dit que tu aimais le théâtre, que ton grand chagrin était de ne pas y être allé depuis bien longtemps ?... Eh bien, je vous amène ici pour vous donner une idée des grands succès du jour.

BEAUBICHARD.

Comment, tu pourrais ?...

LA CATARACTE.

Nous allons débuter par un théâtre encore en construction, mais dont le premier ouvrage est déja connu... le nouveau théâtre de la Renaissance. Place à la Femme de feu.

SCÈNE II

LES MÊMES, LA FEMME DE FEU.

LA FEMME DE FEU.

Eh bien! oui, je brûle! Ma tête, mon cœur, mon âme, mon corps, tout cela est incandescent! Est-ce ma faute, à moi, si la flamme qui me dévore s'allume d'elle-même ?

A partir de ce moment, une autre voix se fait entendre derrière le théâtre. Cette voix déclame :

Non, il n'appartient pas à ces grandes maisons,
D'avoir des cœurs si bas sous de si fiers blasons!

Non! vous n'en êtes pas!... Au milieu des huées,
Vos mères aux laquais se sont prostituées!
Vous êtes tous bâtards!

Cette voix n'a pas arrêté la Femme de feu, qui a continué en parlant plus haut.

LA FEMME DE FEU.

Si elle m'envahit, si elle me calcine; est-ce ma faute si tout mon être est un brasier dont le feu ne s'éteint jamais? Ah! ne vous approchez pas de moi, cœurs froids, cœurs glacés!

BEAUBICHARD.

Pardon, pardon, mais je n'entends rien... Faites taire cette voix qui parle de l'autre côté.

LA FEMME DE FEU.

Ah! c'est impossible, le théâtre de la Porte-Saint-Martin et le théâtre de la Renaissance se touchent, nous ne sommes séparés que par une cloison, et alors... vous comprenez...

BEAUBICHARD.

Je comprends bien, mais je n'entends pas. Je comprends que je ne comprends pas... Voilà ce que je comprends.

LA FEMME DE FEU, qui vient de remonter.

Que vois-je? Cette effrontée Molda qui vient encore nous parler de sa timbale. Je me sauve!

Elle sort. Entre Molda.

SCÈNE III

LES MÊMES, MOLDA.

BEAUBICHARD.

Ah! quel air de modestie!... quelle ingénuité!

MOLDA.

Ah! oui, monsieur, je suis bien innocente. J'arrive de mon pays... Je ne sais rien de rien.

LARDILLON.

Ah! rien de rien?... La dame qui sort d'ici vous appelait effrontée.

MOLDA.

C'est un bruit que l'on fait courir. Je ne peux pas dire bonsoir sans qu'on y trouve une malice; si je chante :

AIR : *De la Timbale.*

La timbale, au sommet du mât,
Comme un éclair d'argent rayonne;
Le beau Fritz, tenté par l'appât,
Empoigne à deux bras la colonne;

De sable il poudre le savon
Le voilà qui grimpe!... il se hisse...
Allons, courage, mon garçon!
Crac! v'là qu'ça glisse!
Encore un qui n'l'aura pas!
La timbale (*bis*).
Encore un qui n'l'aura pas!
Encore un qui glisse en bas!

BEAUBICHARD.

Le fait est que c'est bien innocent.

LA CATARACTE.

Mais n'avez-vous pas ajouté une chanson nouvelle à celles que vous chantiez déjà?

MOLDA.

Oui, le Marchand de caprices.

LA CATARACTE.

Veuillez nous en faire entendre un couplet.

MOLDA.

Volontiers.

AIR : *Le Marchand de caprices.*

On rentre triste à la chaumière,
On a son pauvre cœur en deuil!
V'là qu'une musique guerrière
Vous ramène sur votre seuil.
Un *régiment*!... Ah! quelle fête!
Des plumets, des aigrettes d'or!
Des tambours ayant à leur tête
Un superbe tambour-major!
C'est le régiment qui remplace
Celui qui l'autr' jour décampa
Brrrr!
C'est l'marchand d'capric's qui passe,
L'marchand d'capric's qui pass' par là.

BEAUBICHARD.

Charmant! charmant! charmant!

LARDILLON.

Adorable!

MOLDA, qui a remonté.

Que vois-je?... Héloïse et Abélard!... Ah! fuyons!... (Elle sort.)

BEAUBICHARD.

Comment, comment, Héloïse et Abélard!

EGINHARD, entrant.

Oh! rassurez-vous, monsieur!

SCÈNE IV

LES MÊMES, EGINHARD.

LARDILLON.

Quel est ce beau troubadour ?

EGINHARD.

AIR : *Rondeau du boudoir de Vénus* (*Diache*).

J'annonce une nouvelle triste !
Il faut passer la scène, car
Aux Variétés nul artiste
N'a voulu jouer Abélard.

Non, vraiment, personne ne l'ose !
Même un artiste de talent
Manque toujours de quelque chose
Dans ce rôle compromettant.

Certes, charmante est la musique !
Oui, de cette partition
Chaque motif est mélodique
Et touche à la perfection.

Mais d'Abélard la peine est grande !
On a beau chanter avec art ;
Vous comprenez qu'on se demande
Comment doit chanter Abélard.

Les ténors sont connus pour être
Aimés à l'adoration,
Et ce rôle peut compromettre
Plus d'une réputation.

Car les femmes les plus éprises,
Quelle que soit leur passion,
A devenir des Héloïses
N'ont aucune vocation.

Enfin, jugez du sacrifice !
Tout à l'heure, sans nul égard,
Il a fallu, dans la coulisse,
Couper... la scène d'Abélard !

(Regardant dans la coulisse.) Mais pardon, j'aperçois mon voisin, le Centenaire... et de côté les Chevaliers du brouillard... je vous laisse. (Il sort.)

SCÈNE V

Les Mêmes, JACQUES FAUVEL, CAMILLE, ensuite JACK SHEPPARD et Mme SHEPPARD.

FAUVEL. Imitation du *Centenaire*.

Voyons, Camille, mon enfant, je suis bien vieux, j'ai cent ans ; je ne les parais pas, on ne me donnerait guère plus de soixante à soixante-cinq ans, bien conservé, mais enfin je ne veux pas me rajeunir. J'ai la centaine, et voilà trois jours que tu n'es rentrée à la maison.

CAMILLE.

Quinze jours, grand papa. Est-ce que ça s'est aperçu ?

FAUVEL.

Sais-tu ce que l'on dit ?.. Que tu es coupable, que ces quinze jours, tu les as employés à me donner un arrière-petit-fils. Est-ce vrai, Camille?

CAMILLE.

C'est vrai, grand-papa!

FAUVEL.

C'est vrai ?

MISTRISS SHEPPARD, à Jack entrant avec lui. Imitation des *Chevaliers du Brouillard*.

Sais-tu ce que l'on dit, mon Jack?... on dit que toi, que j'ai élevé dans l'innocence et dans les bons principes, tu es un gueux, une canaille, un voleur!

JACK.

C'est vrai, mère.

MISTRISS SHEPPARD.

C'est vrai!

FAUVEL.

Dis-moi, Camille, te souviens-tu de la prière que je t'avais apprise autrefois?

CAMILLE.

Oui, grand-papa! Je n'ai jamais cessé de la dire chaque matin et chaque soir.

FAUVEL.

Tu dis ta prière, tu n'es pas coupable!

BEAUBICHARD.

Oh! sapristi! c'est beau!... je pleure.

MISTRISS SHEPPARD, à son fils.

Et sans doute tu ne te souviens plus de la prière que je t'avais apprise?

JACK.

Je la dis tous les soirs en me couchant, mère.

MISTRISS SHEPPARD.

Tu la dis?.:. tu es innocent!

BEAUBICHARD.

Ah! bien, non!... j'ai déjà pleuré tout à l'heure.

LARDILLON.

C'est donc la même pièce?

FAUVEL.

Non, monsieur; mais les deux pièces sont du même auteur.

LARDILLON.

Ah! très-bien, çà se comprend.

BEAUBICHARD.

Et qu'est-ce que vous allez faire de ce garçon et de cette jeune fille?

MISTRISS SHEPPARD.

Nous avons l'intention de les marier.

LARDILLON.

C'est une idée!... Ils diront leur prière ensemble.

BEAUBICHARD.

Eh bien! et le vieux, est-ce que vous allez le laisser seul? — Mariez-vous.

MISTRISS SHEPPARD.

Je veux bien.

LARDILLON.

Partie carrée! (Fortunio entre, tenant d'une main un bougeoir et de l'autre un papier.) Qu'est-ce que c'est que ça?

LA CATARACTE.

C'est Fortunio du *Chandelier*.

LARDILLON.

J'aurais plutôt cru que c'était le bougeoir.

BEAUBICHARD.

Non, c'est *le Chandelier*... J'ai vu la pièce.

SCÈNE VI

LES MÊMES, FORTUNIO, puis DON CÉSAR.

FORTUNIO, il lit, imitation de M. Delaunay.

Si vous croyez que je vais dire
Qui j'ose aimer!...
Je ne saurais pour un empire
Vous la nommer.
Nous allons chanter à la ronde,
Si vous voulez,
Que je l'adore et qu'elle est blonde
Comme les blés!

BEAUBICHARD, continuant avec la voix de M. Bressant.

Mais j'aime trop pour que je die
Qui j'ose aimer,
Et je veux mourir pour ma mie
Sans la nommer.

DON CÉSAR, entrant, à Baubichard, imitation de M. Mélingue.

Sur ma foi,
Je ne me trompais pas! c'est toi, Ruyblas!

BEAUBICHARD, voix de Pierre Berton.

C'est toi,
Zafari!... Que fais-tu dans ce palais?

DON CÉSAR.

J'y passe,
Mais je m'en vais... Je suis oiseau, j'aime l'espace.
Mais-toi, cette livrée, est-ce un déguisement?

BEAUBICHARD.

Non; je suis déguisé quand je suis autrement.
. . . .
. . . .
Zafari, dans le gouffre où mon destin m'entraîne,
Plonge les yeux! Je suis amoureux de la reine!
. . . .
. . . .
Trouve-t-elle mes fleurs, ma lettre? Je ne sai!
Frère, tu le vois bien, je suis un insensé!

DON CÉSAR.

Diable! ton algarade à son danger, prends garde.
Le comte d'Onate, qui l'aime aussi, la garde
Et comme un majordome, et comme un amoureux,
Quelque reître, une nuit, gardien peu langoureux
Pourrait bien, frère, avant que ton bouquet se fane,
Te le clouer au cœur d'un coup de pertuisane.
Mais quelle idée! aimer la reine! Ah ça! pourquoi?
Comment diable as-tu fait?

FORTUNIO, voix de Laurent.

Ah bien! non, j'en veux plus, merci! y m'prend tous mes effets, et puis, les vers, ça me creuse. Je vais me payer une bonne friture à Asnières.

Ils sortent. — Ritournelle.

LARDILLON.

Quels sont ces accords mélodieux?

BEAUBICHARD.

Ça doit nous annoncer de la musique.

LARDILLON, qui est remonté.

Mais oui, je le reconnais; c'est le nouveau ténor du théâtre Italien, il signor Capouloni.

BEAUBICHARD.

La poule au riz?

LARDILLON.

Non... Capouloni... Attention, le voilà!

SCÈNE VII

Les Mêmes, CAPOULONI.

Ritournelle de la romance de Martha. Capouloni entre. — Triomphe que lui fait le public, il salue et chante en italien la romance de Martha. — Scène d'imitation. — Après la romance, une pluie de billets doux, de fleurs et de couronnes tombe du cintre. — Une grande dame sort du trou du souffleur et lui tend un bouquet, il le prend et la grande dame rentre dans le trou en lui envoyant des baisers. Quatre domestiques entrent relever la correspondance, les fleurs et sortent derrière leur maître.

LARDILLON, à la dame dans le trou du souffleur.

Avez-vous quelque chose de particulier à lui dire, madame?

La dame disparaît. — Ritournelle. — Rentrent en scène tous les personnages du tableau.

SCÈNE VIII

TOUS LES PERSONNAGES DU TABLEAU.

VAUDEVILLE FINAL.

Air : *De M. Marius Boullard.*

En rang d'oignons, sur maint sujet,
Chantons tous un petit couplet.

JACK SHEPPARD.

Les allumett's augmentent. C'est un fait
Qui ne laiss' pas que d'nous porter ombrage,
Car augmenter les allumettes, c'est
Une atteinte à l'universel... soufrage.

TOUS.

En rang d'oignons, etc.

CAMILLE.

Le *Cid*, par jour, fait, dit-on, sept mill' francs!
Le grand Corneill', roi d'la littérature,
Et qui manquait de souliers de son temps,
Irait du nôtre aux Français en voiture.

TOUS.

En rangs d'oignons, etc.

FAUVEL.

Toujours au Cirque on se bat pour Wagner,
Qui m'étourdit et m'agace à toute heure.
Donnez-nous donc d'la musique d'Auber
Elle est française et je la trouv' meilleure!

TOUS.

En rang d'oignons, etc.

DON CÉSAR.

J'ai pour voisin un moraliste qui
N'a jamais pu comprendre l'adultère ;
Mais un cousin vient tous les jours chez lui.
C'est un secret... et sa femme a dû l'taire!

TOUS.

En rang d'oignons, etc.

EGINHARD.

La Femm' de feu nous scandalise trop!
Coupable épouse et plus coupable fille,
C'est une sœur de *Mamzelle Giraud*
Et çà compose un' bien vilain' famille.

TOUS.

En rang d'oignons, etc.

BEAUBICHARD.

Pour vous chanter un très-joli couplet,
Ce s'rait le moment de parler politique ;
Mais j'ai mieux n'en rien dire du tout,
Tenant à ne contrarier personne.

TOUS.

En rang d'oignons, etc.

MISTRISS SHEPPARD, au public.

Provinciaux, tout est bien expliqué.
N'oubliez pas, même en venant de Chartre,
Que la Revu'n'est pas au coin du quai,
Si vous passez au boulevard Montmartre.

Accourez tous
Au rendez-vous
Qu'en personne,
Moi, je vous donne;
Pour vous plaire nous y serons,
Et ferons
Ce que nous pourrons.

TOUS.

Accourez tous
Au rendez-vous
Qu'en personne
Elle vous donne, etc.

FIN

POISSY. — TYP. S. LEJAY ET CIE.

www.ingramcontent.com/pod-product-compliance
Ingram Content Group UK Ltd.
Pitfield, Milton Keynes, MK11 3LW, UK
UKHW022129170726
13837UKWH00003B/1460